CÓMO MEJORAR TUS TRABAJOS DE INVESTIGACIÓN

PHILIP WOLNY

TRADUCIDO POR ALBERTO JIMÉNEZ

New York

Published in 2018 by The Rosen Publishing Group, Inc.
29 East 21st Street, New York, NY 10010

Copyright © 2018 by The Rosen Publishing Group, Inc.

First Edition

Library of Congress Cataloging-in-Publication Data

Names: Wolny, Philip, author.
Title: Cómo mejorar tus trabajos de investigación / Philip Wolny.
Description: New York : Rosen Publishing, 2018. | Series: Habilidades para tener éxito | Includes bibliographical references and index. | Audience: Grade 7-12.
Identifiers: ISBN 9781508177579 (library bound)
Subjects: LCSH: Report writing--Juvenile literature. | Research--Juvenile literature.
Classification: LCC LB1047.3 W65 2018 | DDC 371.30281--dc23

Manufactured in the United States of America

CONTENIDO

INTRODUCCIÓN

Un estudiante redacta trabajos de muchos tipos a lo largo de sus años escolares, pero el de investigación es de los más importantes. Puedes apostar a que en algún momento del bachillerato y más adelante —sobre todo al empezar la enseñanza superior—, tendrás que hacer alguno.

Cuando lo empieces, te parecerá agobiante. Eso se debe en parte a que suele requerir más esfuerzo que los habituales y, en parte, a que demanda mayor calidad. Los ensayos personales, las historias, los informes de libros y otros trabajos parecidos que los alumnos realizan en su etapa escolar son más o menos llevaderos. Sin embargo, en los de investigación hay que pensar cuidadosamente de antemano cómo organizarlos y redactarlos de forma seria y profesional.

Digamos, por ejemplo, que un profesor de historia te encarga investigar sobre un tema. Debes debatir sobre si el auge de Internet desde los años noventa del pasado siglo ha incrementado o disminuido los porcentajes de alfabetización de la infancia. O debes averiguar si prohibir la publicidad del alcohol y del tabaco ha tenido impacto positivo en los porcentajes de uso entre minorías y jóvenes. ¿Qué te preguntarías primero? ¿Cómo lo enfocarías? Es natural intimidarse cuando te piden algo nuevo y complicado.

Como ocurre con cualquier otra habilidad, para escribir trabajos de investigación, solo hay que abordarlos de forma metódica. Tras algunos intentos, te saldrán sin problemas.

Sin embargo, no hay por qué. Siempre que te enfrentes a una tarea importante, lo mejor es dividirla en pequeños pasos y planearlos por adelantado. Redactar un trabajo de investigación requiere ciertas habilidades que un joven que tiene que escribir debe aprender tarde o temprano.

Con este libro sabrás qué es exactamente un trabajo de este tipo, por dónde empezarlo, de qué fuentes dispones y cómo organizar y presentar tus hallazgos de modo claro y conciso. Descubrirás o repasarás cómo se citan las fuentes y cómo se evita el plagio, intencionado o no.

Es probable que ya conozcas muchas de las habilidades que exige. Si es el caso, al hacerlo las pulirás, y lograrás las herramientas y la confianza necesarias para obtener excelentes resultados. Afinar esas habilidades en este momento te facilitará tu vida académica futura.

La investigación ha sido siempre crucial para las ciencias, la docencia universitaria y multitud de trabajos. En la economía actual de información, es más importante que nunca. Ya quieras ser abogado, publicista, emprendedor, profesor de universidad, militar, vendedor, o adentrarte en cualquier otra senda profesional, al hacer buenos trabajos de investigación obtendrás un utilísimo y equilibrado conjunto de habilidades. Además de las ventajas concretas, la investigación te servirá para formularte preguntas, organizar tus pensamientos e incluso cambiar ideas preconcebidas sobre ciertos temas y asuntos de actualidad. ¡Empecemos pues a desarrollar nuestras habilidades de investigación!

Qué es el trabajo de investigación

Antes de refinar y mejorar tus habilidades de investigación, es necesario saber exactamente a qué nos referimos. Al principio, puede parecer que investigar y redactar es sencillo y directo. ¿Qué hay de complicado en buscar hechos y cifras en línea y exponer lo que averigües? Aunque suene engañosamente fácil, no lo es. Pero ¿en qué consiste realmente un trabajo de investigación?

Desde luego, en algo más que acumular un montón de datos de fuentes diversas. Hay que analizar una perspectiva o argumentar un punto de vista, pero yendo más allá de la mera documentación o de una opinión personal. Se trata de recopilar información, datos, perspectivas y otros contenidos de la prensa generalista, los artículos académicos y de los libros, tanto de fuentes en línea como físicas, y relacionarlo con las ideas y las reflexiones personales: eso constituye la columna vertebral de la investigación.

Un buen trabajo debe servirse de las herramientas en línea que tanto gustan a los investigadores modernos, pero también explorar otras fuentes relevantes, que incluyen los

Un buen trabajo de investigación precisa de mucha lectura. Uno de sus objetivos es que descubras ideas e información que quizá ignores.

libros físicos de las bibliotecas escolares y académicas, así como sus diversos archivos físicos y digitales. A muchos de los últimos todavía no puede accederse con una conexión estándar a Internet.

A un nivel básico, el trabajo de investigación es un ensayo muy amplio. En el instituto, un trabajo de este tipo suele ser relativamente corto, de diez páginas mecanografiadas, por ejemplo, pero en la universidad, suele tener docenas de páginas, que a veces llegan a alcanzar los tres dígitos.

Navegando por Internet, encontrarás informes publicados por varias organizaciones nacionales e internacionales, algunos de cientos de páginas. Por ejemplo, echa un vistazo a los de ciertas organizaciones no gubernamentales (ONG) como el Observatorio de Derechos Humanos (ODH) o la Organización Mundial de la Salud (OMS). Verás, además, que esos informes suelen tener muchos, si no cientos de colaboradores. Pero no te preocupes: no es probable que necesites escribir algo tan largo, a menos que quieras hacerlo. Los trabajos de investigación extensos no suelen asignarse hasta la enseñanza superior. Para entonces, ¡ya serás un experto!

BASARSE EN EL TRABAJO DE LOS EXPERTOS

Una de las palabras clave que hay que recordar al enfrentarse a un trabajo de investigación está en el título de arriba, en "expertos". Según la guía de búsqueda en línea del Empire State College de la Universidad Estatal de Nueva York: "Cuando haces un trabajo de investigación, te basas en lo que sabes del tema y en el intento deliberado de averiguar lo que saben los expertos. Un trabajo de investigación supone inspeccionar un campo del conocimiento para encontrar la mejor información posible en ese campo". Del conocimiento de los expertos, así como de la información y los datos que han sido establecidos, confirmados y acordados por muchos, podrás obtener el mejor texto original.

MÁS ALLÁ DE LAS OPINIONES

Otra forma de conocer estos trabajos es definir qué no son. Las creencias y las opiniones personales juegan sin duda un papel a la hora de investigar y redactar. Empezando por ser la inspiración del tema.

Pero el trabajo no puede limitarse a ser un ensayo de opinión o un ejercicio de persuasión. Es probable que conozcas ambas clases y que hayas hecho alguno. Los ensayos de opinión son parecidos a las editoriales que ves en periódicos físicos o de Internet y en los sitios web del *New York Times* o de *Bloomberg News*, por ejemplo. "¿Por qué debemos abolir la pena de muerte?" o "¿Por qué hay que vacunar a los niños?" son ejemplos de títulos de ensayos de opinión. Estas obras toman postura sobre un tema y la sustentan con información detallada. Los ensayos de persuasión, como su nombre indica, pretenden convencer al lector de las conclusiones obtenidas al analizar los hechos.

El trabajo de investigación exploraría estos temas de forma distinta. Por ejemplo, expondría el estado de la pena de muerte en diferentes naciones del mundo y analizaría sus efectos en los delitos con violencia y la seguridad pública. O, si estudiara la vacunación infantil, averiguaría cómo influyen las creencias religiosas o de otro tipo en los porcentajes de vacunación. En estos trabajos es fun-

No hay duda de que los periódicos, de papel o digitales, deben figurar en cualquier trabajo de investigación. Pero acuérdate de leer entre líneas, es decir, con sentido crítico.

damental, por consiguiente, que las opiniones personales permanezcan en segundo plano respecto a los hechos y los datos objetivos que se descubran.

CONOCIMIENTO AVANZADO, PERSONALIDAD AVANZADA

En la enseñanza universitaria, la enseñanza superior, para conseguir una diplomatura, una licenciatura o un doctorado, debes demostrar tu capacidad para investigar y mejorarla de manera incesante. Investigar es el paso previo a publicar —en reputados medios científi-

(Continúa en la página 13)

ESTUDIO DE CAMPO

Para los jóvenes que empiezan a escribir trabajos de investigación, la información que aparece en ellos suele ser nueva. Para los experimentados y los que trabajan en el sector privado, tal información aumenta sus conocimientos en un determinado campo.

A fin de proporcionar un contexto, el trabajo suele incluir el llamado "estudio de campo", es decir, un resumen de la investigación histórica y actual sobre un tema o una pregunta concretos. Cuando acabas de empezar, este tipo de reseña es importante. La investigación más reciente se basa en una larga tradición, y todo tipo de investigación, tanto nueva como antigua, forma parte de lo que a veces se denomina "la literatura" de ese campo.

Por ejemplo, en el campo de la física, el estudio incluirá un recorrido cronológico de las figuras más relevantes. Uno sobre teorías económicas constará de una historia resumida de antiguas teorías, así como de una más detallada de economistas modernos y sus ideas.

Sin embargo, un trabajo de investigación no se limita al estudio de campo, por muy bien hecho que esté. Debe tomar muchas de las ideas que aparezcan en ese estudio, sopesarlas, argüir si son correctas o erróneas y llegar a una conclusión. Con suerte, esa conclusión añadirá algo nuevo a la literatura existente.

Un trabajo de investigación sobre un tema de ciencias biológicas debe basarse en descubrimientos de laboratorio, ya sean personales o de otros.

cos o humanísticos, donde serás juzgado por tus colegas—, lo que en prácticamente todos los ámbitos universitarios suele ser el requisito obligado de la docencia.

La investigación es el camino por el que avanza el conocimiento humano. Ya se trate de astrofísica, estudios de género, historia americana o medicina deportiva, todos los programas educativos la incluyen. Aunque unas instituciones exigen más que otras, las más acreditadas suelen encargar al menos una investigación exhaustiva, y ponen la barra muy alta.

Por dónde empezar

A hora que somos más conscientes de lo que entraña un trabajo de investigación, demos el siguiente paso (y uno de los principales): por dónde empezar. En algunos casos, deberás ceñirte a una cantidad limitada de temas, en función de la asignatura o del profesor que te lo asigne. En otros, tendrás cierto grado de libertad para elegir. Algunos investigadores trabajan mejor con una guía y para otros vale justamente lo contrario.

QUÉ INVESTIGAR, DE QUÉ ESCRIBIR

Supongamos que tienes cierta libertad para elegir el tema. El primer paso es escoger un campo. Después deberás acotarlo y centrarte en un asunto o un tema específicos. Parece lógico investigar algo que te guste o despierte tu curiosidad, pero tampoco es negativo que no te interese en absoluto, ya que al carecer de ideas y opiniones preconcebidas, estarás más receptivo a lo que descubras y podrás juzgarlo con mayor objetividad.

Los investigadores que abordan la educación, suelen elegir temas relacionados con las escuelas subvencionadas o de políticas gubernamentales como No Child Left Behind. Los estudiantes de historia acostumbran a interesarse por el periodo de la Segunda Guerra Mundial, en concreto por los diversos tipos de tácticas y armamento de estadounidenses, alemanes, soviéticos o japoneses, así como por cuestiones estratégicas, políticas o económicas relacionadas con el conflicto bélico.

Si un tema te abruma o no sabes por dónde empezar, los buscadores en línea, como Google, constituyen valiosos recursos.

world war ii

world war ii
world war iii
world war ii **combatants**
world war ii **dates**

World War II - Wikipedia
https://en.wikipedia.org/wiki/**World_War_II** ▾
World War II also known as the Second World War, was a global war that lasted from 1939 to 1945, although related conflicts began earlier. It involved the vast ...
World War II casualties · Timeline of World War II · India in World War II · Allied

World War II - Battles, Facts, Videos & Pictures - History.com
www.history.com/topics/**world-war-ii** ▾
Coming just two decades after the last great global conflict, the Second **World War** was the most widespread and deadliest war in history, involving more than 30 countries and resulting in more than 50 million military and civilian deaths (with some estimates as high as 85 million ...

World War II History - History (history.com)
www.history.com/topics/**world-war-ii**/world-war-ii-history ▾
Find out more about the history of **World War II** History, including videos, interesting articles, pictures, historical features and more. Get all the facts on ...

World War II | HistoryNet

INICIAR UN TEMA

Ahora, con el campo del tema delimitado, podrás decidir qué aspecto investigar, y, por qué no, tener expectativas respecto a lo que vayas a descubrir. A continuación, te damos dos ejemplos de un asunto concreto: un trabajo relativo a la Segunda Guerra Mundial para demostrar que Estados Unidos ganó a Japón en el conflicto del Pacífico gracias a que disponía de mejores recursos naturales y más capacidad de producción; o un trabajo donde se examine cómo varios estados estadounidenses han obtenido mejores o peores resultados educativos tras abrir más colegios concertados.

PREGUNTA Y TESIS DE INVESTIGACIÓN

La buena pregunta de investigación no es ni demasiado concisa ni demasiado amplia o genérica. Podrás dar con la adecuada si haces un poco de investigación general sobre un tema. A menudo, basta con ciertas búsquedas preliminares en línea para ver qué se está debatiendo actualmente en el campo que hayas elegido.

La tesis de investigación suele ser una respuesta a la pregunta de investigación, un resumen de lo que descubras, o creas haber descubierto, con tu búsqueda preliminar. Es posible que la tesis cambie durante ese viaje previo para recopilar datos. Concretar una pregunta ayuda también a acortar la potencialmente enorme lista de fuentes que precises, lo que mitigará el agobio que muchos estudiantes sienten al inicio del trabajo.

Por consiguiente, si la pregunta de investigación es: "¿Cuáles son los pros y los contras de la educación pública en Estados Unidos para los jóvenes de clase trabajadora?", una posible tesis de investigación sería: "La educación pública en Estados Unidos no funciona, por lo que deben estudiarse alternativas, como los colegios concertados, para educar bien a los jóvenes de clase trabajadora". La tesis contraria declararía: "Los colegios

(Continúa en la página 19)

Tus fuentes te ayudarán a concretar la pregunta de investigación, y esta, a su vez, a reducir el número de posibles fuentes.

QUÉ CUESTIONARTE SOBRE TU PREGUNTA DE INVESTIGACIÓN

Según la Universidad de Duke, hay un determinado tipo de cuestiones que te ayudan a formular, o dar con, preguntas pertinentes para tu trabajo de investigación. Si tu investigación se desenvuelve en el campo de las humanidades (temas de lengua, literatura, religión, historia, música, filosofía…), incluyen:

1) ¿Me interesa la pregunta? ¿Interesa a los demás?
2) ¿Es discutible?
3) ¿Proporciona una nueva visión de una vieja idea?
4) ¿Resuelve un problema?
5) ¿Puedes responderla con el tiempo y las fuentes que tienes a tu alcance?
6) ¿Qué información necesitas para responderla?

En las ciencias (física, química, geología…) y los temas agrupados en las ciencias sociales (sociología, antropología…), las estadísticas y otros datos requieren que pienses en las cosas siguientes cuando formules tu pregunta de investigación. Dicho de otro modo, ¿logrará tu investigación una de las siguientes marcas?

1) ¿Cómo defines, mides o recopilas hechos específicos acerca de un fenómeno concreto?

2) ¿Cómo combinas esos hechos con la teoría?

3) ¿Cómo comparas teorías? ¿Mediante modelos? ¿Formulas hipótesis?

4) ¿Cómo demuestras que cierto método de investigación resulta más efectivo que otros? ¿Cuál has elegido y cómo puedes justificar esa elección?

públicos son mejores que los colegios alternativos/colegios concertados y bastan para cubrir las necesidades de los jóvenes de clase trabajadora". Habrás oído opiniones de ambos tipos, pero, para que tu tesis sea independiente, necesitas investigar.

DEBES TENER EN CUENTA

Cuando por fin empieces tu trabajo, sobre todo si es el primero que haces, te resultará útil analizar tus puntos fuertes y débiles en lo referente a las habilidades de búsqueda más importantes. Estas incluyen la lectura y el pensamiento analíticos.

¿Sabes leer analizando? Captar la idea principal de un artículo u otro trabajo de investigación suele requerir más que una lectura superficial. Hay que tomar notas de los puntos principales y comprobar que has entendido lo que se dice. No siempre entendemos algo, o captamos su verdadero significado, con la primera lectura.

También conviene hacer un resumen y una paráfrasis (reescribir y reformular las ideas del autor con tus propias palabras), ya que así se asimila mejor. Esto ayuda a los investigadores a cuestionar las ideas ajenas.

El pensamiento analítico supone asimilar lo que has leído para sopesar la información. Así consigues distinguir entre artículos de opinión o de contenido académico, propaganda (información engañosa o parcial que beneficia a un sector), publicidad y fuentes reconocidas y acreditadas. También significa "leer entre líneas", a fin de identificar reclamos que apelan a las emociones y oscurecen (u ocultan) el significado real de lo dicho.

¿Con qué partes de la lectura estás de acuerdo? ¿Qué partes te parecen poco realistas o sospechosas basándote en sus demostraciones o testimonios y en lo que hayas leído antes? La investigación precisa organización. Los primeros pasos suponen ordenar tanto las ideas ajenas como las propias y depurar la información para averiguar qué parece lo más válido. Teniendo eso en cuenta, pregúntate: cuando lees una fuente, ¿eres capaz de identificar los hechos? ¿Sabes diferenciar entre un hecho y una interpretación?

Realizar
la investigación

Para los trabajos más sencillos, como los ensayos de opinión, suele bastar con leer algunos artículos en línea. Pero para un trabajo de investigación, es necesario ahondar más. Consulta tantas fuentes como requieran tu tema, tu pregunta y tu tesis de investigación, y con la mayor variedad posible. Aprende a clasificarlas y a calibrar su importancia, a fin de respaldar de forma adecuada tu idea o tu argumento.

TIPOS DE FUENTES

Las fuentes se clasifican según lo que distan de un acontecimiento histórico, un periodo, un documento o un fenómeno. Por lo que, en líneas generales, se denominan primarias, secundarias y terciarias.

FUENTES PRIMARIAS

Según el sitio web de las Bibliotecas de la Universidad Estatal de Virginia, para temas de ciencias sociales y humani-

"And so, my fellow Americans: ask not what your country can do for you—ask what you can do for your country."

From John F. Kennedy's inaugural address, January 20, 1961

Estos alumnos miran unos documentos de la inauguración, celebrada en 1961 por el propio presidente, del Museo y Biblioteca Presidencial John F. Kennedy. Tales documentos son fuentes primarias.

dades, las primarias "son el testimonio directo de relatos de primera mano sobre acontecimientos, sin análisis ni interpretaciones secundarias… [trabajos] que [fueron] creados o escritos durante el periodo o el asunto tratado". Alguien que investigue la administración presidencial de John F. Kennedy, por ejemplo, debe buscar fuentes primarias asociadas al hombre, a sus asistentes y al periodo, lo que incluye sus diarios y los de sus consejeros, un retrato para el que posó u objetos similares. Estos documentos originales proporcionan información de primera mano. Otros ejemplos son dibujos, fotografías, discursos y trabajos literarios. En las ciencias, las fuentes primarias difieren un poco, ya que incluyen los documentos que describen las investigaciones originales, como, por ejemplo, un artículo periodístico en el que se explique por primera vez un descubrimiento. Otros ejemplos son los informes de las actas de conferencias, los cuadernos de laboratorio publicados, las copias de patentes intelectuales relativas a inventos o procedimientos... Todo lo que se refiera a la investigación original es válido. Una limitación, no obstante, es que las ideas y las teorías deben ser nuevas y no haber sido enteramente demostradas, es decir, no haber recibido aún la confirmación de colegas que estén reproduciendo el estudio.

FUENTES SECUNDARIAS

Estas se apartan un poco más del original, ya que hablan de las primarias o las comentan. Su rasgo característico es que dan una interpretación. Por tanto, mientras que un discurso de JFK es una fuente primaria, un artículo académico sobre ese discurso es una fuente secundaria. Otros ejemplos son los artículos de revistas académicas, las monografías (trabajos sobre un tema particular o un área limitada de conocimiento), las biografías, las tesis (ensayos largos o trabajos de investigación escritos en el mundo académico), e incluso los índices, bibliografías y otros materiales adjuntos a los libros.

Las ciencias tienen su propio conjunto de fuentes secundarias, como las monografías, los artículos de revistas (si informan al lector sobre el estado actual de conocimiento de un tema) e incluso los libros de texto. Estas fuentes proporcionan comparaciones de distintas teorías que están aún debatiéndose, o descripciones históricas del cambio sufrido por un tema o un campo a lo largo del tiempo.

FUENTES TERCIARIAS

Estas se encuentran aún más lejos que las secundarias, pues terciario significa tercero en orden de importancia. Resumen o condensan gran cantidad de materia de las fuentes secundarias o primarias, a las que suelen citar directamente. Ya conoces una de las más corrientes: la enciclopedia. Entre otras están los manuales, que ofrecen guías

Aunque hay ejemplares físicos de enciclopedias en muchas partes, los investigadores de hoy suelen acceder digitalmente a estas fuentes terciarias.

de referencia rápida de un tema, los diccionarios, los almanaques, los calendarios y las cronologías. Constituyen un buen modo de adentrarse en un tema desconocido, confirman ciertos puntos, estadísticas y otro tipo de información, y te indican el camino hacia las fuentes primarias y secundarias. Sin embargo, no pueden considerarse la columna vertebral de una investigación, ya que esta debe ahondar más.

SABER DÓNDE BUSCAR

Para investigar, los alumnos tienden a mirar primero las fuentes gratuitas de Internet, porque, sin duda, Google, Wikipedia, YouTube y otros conocidos sitios son valiosos y cómodos. El problema es que muchos estudiantes, incluso de enseñanza superior, se limitan a servirse de Internet. Para un trabajo de investigación, encontrarás mucha información con las búsquedas en línea, e incluso fuentes primarias. Los buscadores, como Google, son el punto de acceso más frecuente para este tipo de labor. Basta con escribir un término de búsqueda y revisar las páginas de resultados. Es una buena forma de empezar.

BASES DE DATOS ACADÉMICAS Y DE INVESTIGACIÓN

No obstante, por razones que este libro explica en distintos momentos, los investigadores deben profundizar más. Existe todo un mundo por descubrir a través de las bibliotecas públicas, escolares o universitarias.

Aunque los buscadores gratuitos dan acceso a cierta información, muchas de las colecciones más útiles de la información organizada en línea, las llamadas bases de datos, exigen contraseñas para el acceso.

Además, muchas requieren suscripciones demasiado caras para su uso doméstico. Sin embargo, las bibliotecas académicas y las escuelas suelen subscribirse a muchas a la vez. Un alumno de colegio o alguien que disponga de un carné de biblioteca puede utilizarlas de forma gratuita. Las bases de datos de las bibliotecas son especialmente valiosas para los estudiantes que carecen de acceso doméstico a Internet. También pueden servirse de sus estaciones de trabajo en línea o de su conexión Wi-Fi.

Para casi cualquier investigación, hay una base de datos adecuada que, además, te ahorra muchos resultados de búsqueda que distraen y son irrelevantes.

A continuación, tienes algunos ejemplos. Si necesitas más opciones, pregunta a un profesor o un bibliotecario.

- ARTStor: contiene más de millón y medio de imágenes y obras de arte digitalizadas.

- JSTOR: utilizada por más de siete mil instituciones de enseñanza, esta inmensa base de datos garantiza el acceso a unas mil quinientas revistas académicas, así como a libros y fuentes primarias de arte, humanidades y ciencias sociales.

Este lector de microfichas seguirá utilizándose algún tiempo, debido a que aún quedan miles de millones de archivos pendientes de transformación.

- Access World News: Research Collection: más de quinientos millones de artículos de más de 8,000 fuentes mundiales desde los años ochenta del pasado siglo.

- Embase: información de ciencia y salud proporcionada por más de veinticinco millones de archivos de 7,600 periódicos.

- LexisNexis: la mayor fuente mundial para ver registros legales y públicos.

- Britannica Library Edition: versión electrónica de la popular enciclopedia, orientada hacia los jóvenes.

- ProQuest: esta compañía ha creado extensas bases de datos generales y especializadas para ciencias, comercio, negocios, economía, formación técnica profesional, justicia civil y penal, docencia y mucho más, incluyendo las dedicadas a distintas naciones y culturas del mundo.

CONSEJOS Y AYUDA PARA LAS BASES DE DATOS

Con instrucciones claras, las bases de datos son bastante fáciles de usar, pero ¿y si necesitas un poco más de ayuda? No pasa nada, no te dé vergüenza pedirla. Incluso en el bachillerato, y, sobre todo, después, los profesores están deseando explicar dónde y cómo acceder a ellas. Y los bibliotecarios también. Al fin y al cabo, es su trabajo. Una vez que sabes dónde y cómo, deberás pegarte a la computadora de la biblioteca más próxima.

Estos son algunos consejos para que tu consulta sea más fructífera. Lo primero es concretar los términos y conceptos clave, ya que la forma de buscar influye en la calidad de los resultados. Evita las consultas demasiado amplias (buscar excesiva información) o demasiado concisas. Así te perderías datos importantes, ya que te encontrarías con un exceso de material, lo que complicaría su revisión, o con la pérdida de datos de interés.

OPERADORES BOOLEANOS

Otros colaboradores para tu búsqueda son los llamados *operadores booleanos*. Se trata de simples palabras, AND (y), OR (o), NOT (no), que se añaden a los términos de búsqueda al consultar bases de datos. Con ellos podrás hacer combinaciones para encontrar lo que necesites. "Guerra AND enfermedad" te proporcionará todos los artículos que contengan ambos términos. "Guerra OR enfermedad" te dará todos los que contengan "guerra" o "enfermedad", algunos con ambos términos y otros con uno. Por ejemplo, podrías buscar "pena de muerte OR pena capital". El último operador, NOT, debe utilizarse con cuidado, porque puede eliminar mucha información. Buscar "guerras europeas NOT Segunda Guerra Mundial" eliminaría de la búsqueda la segunda frase.

Casi todas las bases de datos disponen de una opción de búsqueda avanzada que ayuda a encontrar frases clave y crear parámetros de búsqueda. Si lo que quieres son artículos de las recientes controversias sobre el movimiento antivacunación, por ejemplo, limitarías la búsqueda entre los años 2000 y 2016, para artículos de ciertos periódicos o revistas, escritos por determinados autores. O buscarías encabezados concretos, que se asignan a todos los libros y artículos de las bases de datos.

LIBROS EN PAPEL

La comodidad que ofrecen los libros electrónicos abre mundos de información a los lectores. Muchas organizaciones, incluidas las principales bibliotecas de investigación, están haciendo copias digitales de libros físicos (digitalización). Aun así, pasará mucho tiempo antes de que todos estén disponibles en este formato, en línea o de otra manera. ¡En el mundo hay millones de libros!

Los que aún no se han digitalizado están en bibliotecas, colecciones privadas y microfilms, microfichas u otros soportes. Algunos de los más importantes para una investigación existen solo de forma física, en los estantes de las bibliotecas, y puede tratarse incluso de obras de referencia que únicamente se consultan *in situ*. Los bibliotecarios, los sitios web de las bibliotecas y los catálogos físicos te ayudarán a encontrarlos. A menos que te encarguen un trabajo de investigación rápido, vale la pena dedicar el tiempo que sea necesario a buscar las fuentes más útiles.

Organizar, bosquejar, redactar y corregir

Cuando se hace una investigación, hay que ser organizado. Toma notas y clasifícalas de forma adecuada. Si tu trabajo consta de varios puntos principales, será necesario que las guardes por orden, lo que significa hacer una lista de los números de página con los autores y los títulos más relevantes de los trabajos que estés mirando. Algunos encuentran útil llevar un cuaderno aparte o dedicar al tema ciertos archivos o carpetas de la computadora, la *tablet* u otros dispositivos. Guarda los archivos organizados y anota los términos de búsqueda necesarios para localizar la información más adelante, en el primer borrador.

INTRODUCCIÓN, CUERPO Y CONCLUSIÓN

A un nivel muy básico, el trabajo de investigación consta de tres partes: introducción, cuerpo y conclusión. Ceñirse a esta estructura permite guardar la información de forma clara y ordenada, así como pasar con lógica de un punto al siguiente, en vez de limitarse a acumular "la tira de datos" o una colección de puntos o de hechos mal hilvanados.

La introducción debe contener un contexto básico sobre la importancia del tema y una relación de tus motivos para explorarlo. También incluye cómo has enfocado el trabajo. ¿Has entrevistado a algún sujeto? ¿Tu conclusión se basa sobre todo en la revisión y comparación de ciertas ideas? ¿Qué clase de fuentes utilizaste y cómo las has utilizado?

Es fundamental tomar buenas notas, ya que ayuda a descubrir dónde encajan las fuentes en el esquema general del trabajo.

Y lo que es todavía más importante, la introducción debe dar al lector un resumen de tu tesis o argumento. ¿Cuál es tu principal objetivo?

En el cuerpo de la obra, se presentan los puntos que sostienen tu argumento o afirmación. Una regla que los estudiantes encuentran útil es la "regla de los tres": lo ideal para contar tu intención a los lectores es servirse de tres argumentos. El primero debe ser fuerte, el segundo más fuerte aún y el tercero el más fuerte. Por último, la conclusión debe resumir todos los puntos y justificar tu argumento, ya que así demuestras que has sabido sustentar con éxito tu tesis inicial.

REDACTAR EL TRABAJO

Lo más difícil suele ser empezar. Sin embargo, con buenas notas, un resumen y un objetivo, el trabajo de investigación bien planificado se redacta prácticamente solo. Pero recuerda que intentar que todo sea perfecto en el primer borrador suele ser contraproducente. Muchos escritores se bloquean con los detalles. Es mejor escribir todo lo posible sin pensárselo demasiado, y resolver los problemas en versiones o borradores sucesivos.

Si tienes tiempo, descansa uno o dos días antes de revisarlo. Te sorprenderá la lucidez que proporciona un poco de distanciamiento.

Después del primer borrador, no dejes de formularte las siguientes preguntas: ¿consigue este trabajo lo que el

Aunque parezca redundante si ya has pasado el corrector ortográfico, conviene que revises tu trabajo línea por línea para corregir eventuales pérdidas de texto, errores y erratas.

resumen de la tesis declara? ¿Son convincentes los argumentos? ¿Están expuestos con suficiente claridad?

CORREGIR Y COMPROBAR HECHOS

Aunque la estructura y los argumentos del trabajo sean convincentes, una ejecución descuidada lo estropearía. La gramática y la consistencia son fundamentales. Comprueba que los hechos y las fechas coinciden en todo el trabajo, desde la introducción a la conclusión. Una lectura meticulosa te ayudará a conseguirlo.

Además, es crucial que las cifras estén bien alineadas. Como dice un refrán inglés, "el demonio está en los detalles". Un trabajo lleno de gráficos y estadísticas cuidadosamente seleccionados resulta impresionante, pero solo con que ciertos números estén descolocados —sobre todo si has hecho algunos cálculos tú mismo— el resultado se va al traste.

COMPROBAR DOS, TRES VECES

Del mismo modo, es conveniente ir página por página revisando fechas, cifras y otros hechos numéricos y cronológicos de importancia. Sería embarazoso que en un trabajo sobre la guerra del Golfo, por ejemplo, dijeras que el conflicto empezó en 2030 en lugar de en 2003.

Incluso aunque hayas comprobado dos veces ciertos hechos durante tu investigación y estés seguro de su exactitud, haz una búsqueda rápida en Internet para volverlos a comprobar una vez que tengas el primer o el segundo borrador. Algunos detalles serán invariables (como que la invasión estadounidense de Iraq empezó el 20 de marzo de 2003), pero quizá otros no, sobre todo entre distintas fuentes (las cifras de víctimas, por ejemplo). Comprueba también que los nombres de lugares, personas y documentos sean los exactos y estén bien escritos. Si hay dos o más formas aceptadas de escribir el nombre de una persona o una cosa, elige el más frecuente y asegúrate de que está igual en todo el documento. Quizá en ciertos casos convenga poner de manifiesto estas diferencias, pero en otros puede ser

(Continúa en la página 37)

AFINA TU ESCRITURA: GUÍAS DE ESTILO Y MANUALES DE REDACCIÓN

Nunca es demasiado pronto para mejorar y perfeccionar la redacción de tu trabajo. Incluso aunque utilices estos recursos sin parar desde hace años, las guías de estilo y los manuales de redacción siempre son útiles. Además de ofrecer consejos que dan al escritor en ciernes más confianza, hacen que sus trabajos parezcan más serios y profesionales. Sobre todo en la enseñanza superior, se espera que los alumnos conozcan los formatos estandarizados. Aquí te damos algunos de los textos con los que debes familiarizarte. Siempre conviene empezar bien. Los encontrarás en tu centro escolar o en las bibliotecas locales, o puedes pedírselas prestadas a un amigo, orientador o profesor, o quizá sugerir que te los regalen en una ocasión especial. Todos están disponibles en versión electrónica, y algunos cuentan con capítulos que se descargan gratuitamente.ññ

- *MLA Style Manual and Guide to Scholarly Publishing* de la Modern Language Association es una guía de estilo académica que se utiliza en Estados Unidos y Canadá, así como entre académicos de todo el mundo, sobre todo en humanidades; incluye inglés, literatura, estudios de lenguas extranjeras, filosofía, religión, arte y arquitectura.

- *Publication Manual of the American Psychological Association* es la guía de estilo preferida para trabajos de investigación sobre ciencias sociales, que incluyen ciencias políticas, derecho, justicia penal, educación, negocios, económicas y comunicaciones.

- El *Chicago Manual of Style*, publicado desde 1906 por la University of Chicago Press, se utiliza en las publicaciones de inglés americano y puede aplicarse a la investigación en literatura.

- La guía *Style Scientific Style and Format de Council of Science Editor* es la preferida de escritores que presentan trabajos de biología, química, física, geología, cálculo, ciencias de la salud y otros temas relacionados con la ciencia, la tecnología, la ingeniería y las matemáticas.

- La Real Academia Española y la Asociación de Academias de la Lengual Española, son indispensables recursos. En sus sitios se pueden consultar gratis vocabulario, utilizaciones lingüísticas, y mucho más.

preferible excluirlas. Por supuesto, un investigador de verdad no debe ocultar hechos ni información que contradigan su tesis.

Ya sea en casa o en la biblioteca, guardar un documento de Microsoft Word u otra copia localizable de

El *software* colaborativo, como Google Docs, permite almacenar y compartir materiales de búsqueda desde casi cualquier ubicación.

tu trabajo con un programa de procesador de textos; te ayudará a buscar palabras, frases y números. Word suele estar instalado en muchas computadoras de los centros de enseñanaza o de las bibliotecas. También puede optarse por *software* de código abierto, gratuito, como Abi-Word y OpenOffice, o *sites* como el de Google Docs.

Investigación, citas y ética

En ensayos personales y otros escritos informales, reproduces tus ideas y tus opiniones. Al firmar un ensayo, declaras que las palabras y las ideas que contiene son, hasta cierto punto, tuyas. No es preciso citar otras fuentes si, digamos, redactas un ejercicio escolar titulado: "Por qué pienso que nuestra escuela no necesita detectores de metales".

Pero, por su propia naturaleza, los trabajos de investigación son otra cosa. Se basan en muchas fuentes, a veces en decenas o centenares. Por irrelevante que un asunto o una frase parezca para el conjunto, debe darse el mérito a la fuente original, lo que se hace mediante las referencias bibliográficas o las citas.

CITAS PERTINENTES

Se trata de uno de los componentes principales de los trabajos de investigación. Sin ellas nadie sabría de dónde se han obtenido los datos. Es necesario rastrear

Si hojeas un trabajo meticuloso de investigación, descubrirás página tras página fuentes citadas. Siempre es preferible citar de más que de menos.

el progreso de las ideas y reconocer la procedencia de cada una. La investigación suele ser difícil. Servirse de las ideas, las frases y los datos de otras personas sin reconocer su procedencia ni otorgarles el mérito que merecen es despreciar su ardua labor. Además de falto de ética, este comportamiento se considera como plagio. A partir del bachillerato, que una obra no se cite o se cite mal, aunque sea por accidente o por descuido, puede acarrear una denuncia por plagio, cuyas penas oscilan entre las más leves, como reescribir el trabajo y/o sacar mala nota, y las más graves, como la suspensión o incluso la expulsión del colegio o los programas de licenciatura. En algunos casos, el plagio llega a arruinar

(Continúa en la página 42)

NOTAS A PIE DE PÁGINA Y FINALES

Cada parte de tu trabajo tendrá sus propias notas a pie de página o notas finales, es decir, leyendas numeradas cuando aparezca en el texto una estadística, una cita u otro tipo de información. Esas notas significan otro poco de texto que contextualizar. También suelen referirse a un conjunto específico de páginas en que la información es la de la fuente original. Si estas citas se ponen al final de la página, se llaman *citas a pie de página*, si se recogen tras el cuerpo principal del trabajo, se llaman *notas finales*. Algunos profesores recomiendan las últimas, porque así las páginas quedan más limpias.

Al final deberás incluir una lista de bibliografía donde enumerarás todas las fuentes que hayas utilizado. Lo normal es hacerlo por orden alfabético, según el autor, o según la organización, la publicación o el sitio web, en caso de que el autor no pueda citarse. Debe incluir libros, colecciones, artículos periodísticos, publicaciones periódicas, sitios web de todas clases (incluyendo su referencia), libros en línea, sitios gubernamentales...

Después de una primera referencia sobre la obra, la nota a pie de página suele incluir una versión resumida de la lista de autores, citando solo el primero. Cuando hay dos notas de la misma obra seguidas, la segunda se acorta a *ibid* (que en latín significa 'en el mismo lugar'), con un número de página si se refiere a otra parte de la obra.

la carrera del investigador, incluso muchos años después del acto en sí.

Por eso es importante que guardes archivos detallados de tu búsqueda, no solo por el contenido, sino por las distintas formas de citarlos que incluyas en tu trabajo. Lo mejor es abrir un archivo nuevo, o una parte distinta de un cuaderno, para cada fuente que utilices, ya que así sabrás dónde has obtenido la información.

LOS PELIGROS Y LAS TRAMPAS DE BUSCAR *ONLINE*

Otra razón para hacer un esfuerzo adicional a fin de obtener libros reales y acceder a las fuentes primarias investigando en las bases de datos, es que las búsquedas en línea llevan por muchas, y a veces confusas, direcciones. Quizá después de dar con lo que parece una visión realmente nueva de un tema en un sitio web con aspecto más o menos profesional, caes en la cuenta de que sus brillantes afirmaciones carecen de citas, por lo que te es imposible saber de dónde proceden. ¿Cómo vas a confiar en una información así?

O puede que pierdas el tiempo buscando en contenidos parciales o erróneos. Muchas de las fuentes en línea con aspecto respetable promocionan en realidad sus propias ideas, en vez de un conocimiento objetivo e imparcial. Hasta reconocidas agencias de noticias cometen errores que deben reparar después.

ÉTICA GENERAL

Como hemos dicho, además de no ser honrado ni ético, el plagio acarrea graves consecuencias. Intentarlo en estos días, en que los docentes cuentan con programas informáticos que lo detectan, resulta más difícil que hacerlo honradamente.

Pero, en ocasiones, los estudiantes plagian sin querer. Cuando no tomas notas meticulosas de tus fuentes mientras lees libro tras libro y visitas múltiples destinos en línea, la gran cantidad de material suele convertirse en un borrón. En ocasiones, escribes una frase o una serie de pasajes creyendo que son originales porque estabas muy inspirado, y resulta que has repetido algo al pie de la letra sin saberlo. Este tipo de falta es más fácil de cometer de lo que piensas.

El plagio ha sido objeto de controversia para los docentes, sobre todo en las dos pasadas décadas, desde que Internet hizo tan fácil y tan tentador para algunos ahorrarse trabajo. Algunos aducen que, como todos los alumnos actuales, sufren una gran presión y que no plagian a la ligera, y otros no le dan mayor importancia.

TU TRABAJO LO HACES TÚ

Quienes ofrecen "servicios de escritura para estudiantes" por un precio, han posibilitado en parte el plagio y el engaño. Estos grupos se promocionan con anuncios en línea y en campus, o incluso boca a boca. Muchos proclaman que solo ayudan a los estudiantes a investigar, pero, en realidad, venden trabajos de investigación hechos por encargo. Puede resultar tentador para algunos.

Sin embargo, por muy cliché que parezca el viejo dicho, el estudiante que hace trampas en un trabajo de investigación se engaña a sí mismo. Además de desaprovechar la oportunidad de afinar sus habilidades y de obtener una ventaja justa sobre los compañeros que hacen sus trabajos con honradez, desvaloriza su educación. Aparte de eso, con las consecuencias que acarrea para la reputación y la carrera académica, es un riesgo que no vale la pena correr. Tampoco es ético escribirle el trabajo a un amigo ni que te lo escriban a ti.

Si el trabajo se acumula y el plazo de entrega se acerca, hasta un buen estudiante, normalmente escrupuloso, puede sentir la tentación de utilizar atajos. Sin embargo, hay que resistir.

La investigación en tu futuro

Los estudiantes tienen muchas oportunidades de participar en investigaciones académicas mientras avanzan en su carrera escolar. Empezar temprano te ayudará a ser un investigador solvente cuando curses los últimos años de bachillerato o empieces la universidad. La cantidad de información de nuestro hiperconectado mundo puede resultar intimidante. Los estudiosos del pasado quizá tuvieran un camino más sencillo para escribir sus obras. Pero no subestimes las increíbles posibilidades que ofrecen las tecnologías actuales y emergentes.

EN LA ERA TECNOLÓGICA

Gracias a la tecnología, los estudiantes actuales se adentran en la época dorada de la comodidad y la facilidad para investigar. En el pasado, a fin de acceder a fuentes importantes o escasas, había que recorrer grandes distancias para leer o ver de cerca fuentes primarias. Obtener una copia del discurso de un profesor sobre un tema de interés para un trabajo de investigación, suponía, a veces, esperar largo tiempo a que se transcribiera y se publicara en un periódico o un libro.

Hoy, muchas universidades y organizaciones transmiten en directo discursos, conferencias y otros actos relevantes, a los que, además, puede accederse después en sus sitios web o descargarse de YouTube. Si hay algo que la tecnología ha mejorado es el acceso a ciertos tipos de información. Por supuesto, gran parte del contenido visual y audiovisual más deseado y relevante suele precisar subscripción o pagos de cuotas únicas, pero hay muchos materiales que las escuelas y los expertos ofrecen gratis.

El truco para los estudiantes en fase de aprendizaje es mantener cierto nivel de rigor académico, o estándar, con las nuevas herramientas a su alcance. Como se ha dicho, el peligro está en volverse demasiado cómodo, ya que, en ocasiones, conduce a tomar atajos que reducen la calidad de la investigación.

SUPERSOFTWARE

El *software* disponible para todo tipo de dispositivos electrónicos —desde las computadoras portátiles a las *tablets* y los *smartphones*— facilita, en gran medida, el arduo trabajo que supone una investigación. Incluso ahora, tanto alumnos como profesores se aprovechan del nuevo *software*. Lo hay incluso para escanear documentos de todo tipo con un *smartphone* y convertirlos en texto. Aunque este proceso

(Continúa en la página 48)

Con Internet y una serie de clics, puedes conectarte a las clases que se impartan en línea o entrevistar a una persona.

IR A WIKIPEDIA . . . ¿O NO?

Un dilema continuo entre muchos profesores (y alumnos) es el estatus de Wikipedia como fuente terciaria para una investigación. La enciclopedia en línea, con muchos cientos de miles de artículos en docenas de idiomas, es una fuente valiosa.

Pero muchos docentes desaconsejan su uso más allá de como mero punto de partida. Una estrategia consiste en utilizarla para recopilar palabras clave e ideas, y empezar tu búsqueda en serio desde allí. Muchos contenidos de los sitios web tienen docenas de artículos citados al final, así como enlaces con recursos importantes de la web. Los estudiantes no deben hacer de Wikipedia la única fuente de sus proyectos. Aunque ha mejorado mucho desde sus inicios, y va ganando la aprobación del mundo académico. Según ciertos estudios, la calidad de su información en muchos temas no se aleja demasiado de la de fuentes más prestigiosas, como la Enciclopedia Británica. La razón de que siga siendo gratuita es que hay voluntarios que actualizan y corrigen los artículos. Aunque esto es también uno de sus inconvenientes, porque es fácil pasar por alto la información incorrecta o errónea. Además, unas cuantas manzanas podridas sabotean a menudo los artículos.

En un futuro próximo, muchas funciones en tiempo real, como las referencias cruzadas con otras bases de datos más respetadas y los verificadores de información activados por ordenador, harán que Wikipedia y sitios parecidos sean aún más atractivos para investigadores con cualquier nivel de experiencia.

suele estar todavía plagado de errores, no hace sino mejorar.

Un *software* como Adobe Acrobat permite convertir texto en un documento PDF y teclear notas, igual que haría un estudiante al escribirlas en los márgenes de las páginas de un libro, e imprimir el trabajo. No pasará mucho hasta que los estudiantes sean capaces de usar programas que conviertan las palabras dichas en notas de texto para documentos. Otras aplicaciones transformarán de forma automática la información identificadora de cubierta de un libro y su interior —título, autor, fecha de publicación y hasta las páginas seleccionadas— en notas a pie de página, notas finales o bibliografías. Otros investigadores han imaginado lectores electrónicos que "revisen" libros enteros (tanto físicos como electrónicos) para una búsqueda. Con ello, los estudiantes podrían limitarse a leer las partes más relevantes, o resumir e interpretar libros más deprisa.

Las *app* imagen-a-texto para *smartphones* y otros dispositivos electrónicos utilizan el reconocimiento óptico de caracteres (ROC). Estas son solo algunas de las tecnologías que facilitarán aún más la investigación.

RECOPILAR DATOS RÁPIDAMENTE

En las ciencias y las ciencias sociales, los nuevos programas que ahorran tiempo y ayudan a recopilar y analizar datos son incluso más útiles que en las humanidades. La revista *Wired* publicó hace poco que había hecho encuestas a miles de empleados para una investigación de gestión empresarial y explicaba cómo las nuevas tecnologías han revolucionado este trabajo: "En el pasado… un estudio como este requería imprimir miles de encuestas, comprar sobres con franqueo pagado y esperar que todo el que recibiera el cuestionario lo completara y lo reenviara por correo, lo que suponía mayor inversión de tiempo y dinero. Llevar a cabo una investigación experimental era aún más complicado, ya que había que tener ayudantes para imprimir y organizar múltiples situaciones hipotéticas". El moderno estudio en línea ahorra incontables horas de trabajo. Ahora basta con enviar correos electrónicos a cientos de destinatarios o hacer el estudio en las redes de medios sociales.

La obtención de datos, e incluso un análisis limitado de los mismos, está automatizada. Una sola persona hace el trabajo que antes hacían varios investigadores y sus ayudantes, y por una pequeñísima parte del precio. También se puede publicar un anuncio en los medios sociales o un sitio web de anuncios clasificados para buscar gente que encaje en ciertos criterios a fin de que responda un cuestionario en línea. El investigador ni siquiera necesita elaborar el cuestionario: le basta con contratar los servicios de una página especializada.

NO PERDER LA MANO

Incluso en los tiempos que corren, cuando es mucho más fácil recopilar datos, para los estudiantes sigue siendo importante aprender las habilidades relacionadas con la realización del trabajo. El esfuerzo intelectual que supone encontrar y asimilar nuevos conocimientos es a menudo tan provechoso como dar con información correcta. Las "facilidades" tecnológicas roban en ocasiones la emoción y la satisfacción que muchos estudiantes descubren en la propia búsqueda. Leer un gran libro que contenga perspectivas sorprendentes resulta mucho más gratificante que disponer de una *app* que resuma sus méritos.

La investigación debe hacerse por los beneficios que conlleva, y no solo por la nota. Aprender y descubrir te inspirarán durante toda la vida en muy diversos órdenes.

HABILIDADES PARA TODA LA VIDA

Cuando estés aprendiendo la minucia de los trabajos de investigación, tómatelo con calma. Las habilidades de organización, la búsqueda de fuentes, la toma de notas, los resúmenes y la redacción cuestan más a unos que a otros; pero con paciencia, tiempo y práctica, cualquiera puede convertirse en un investigador experto.

Prácticamente todo el sector académico y empresarial confía en la investigación. Un funcionario de educación que desee saber qué técnicas escolares serían más adecuadas para los alumnos, o un científico cuyos esfuerzos se encaminen a descubrir el modo más efectivo de diseñar motores seguros para un avión, hará mejor su trabajo si dispone de la última información y las ideas más novedosas. Con las habilidades de búsqueda bien afinadas, estarás preparado para añadir lo mejor a tu clase, al campo académico que elijas, a tu lugar de trabajo y sus empleados y, por qué no, a la sociedad en la que vivas.

GLOSARIO

BASE DE DATOS Colección estructurada de datos académicos accesible mediante buscadores coordinados y personalizados.

BIBLIOGRAFÍA Relación de las fuentes consultadas para una investigación, a fin de reconocer el mérito que les corresponde.

CIENCIAS SOCIALES Disciplinas académicas que estudian la sociedad y las relaciones entre sus miembros. Incluyen ciencias políticas y económicas y sociología, entre otras.

DISCIPLINA Rama del conocimiento humano.

ENSAYO DE PERSUASIÓN Obra en prosa en que el autor reflexiona sobre un tema con la intención de influir en la opinión del lector.

FUENTE PRIMARIA Documento, obra de arte, archivo o artefacto original que proporciona información de primera mano sobre un tema.

FUENTE SECUNDARIA Interpretación de una fuente primaria o información de segunda mano sobre una fuente primaria.

HUMANIDADES Disciplinas académicas que estudian la cultura humana, lo que incluye el lenguaje, la filosofía, la religión, el arte, la música y más.

ONG Siglas de «Organización No Gubernamental». Se trata de una agrupación sin ánimo de lucro independiente del Estado. Muchas ONG tienen carácter benéfico, por lo que dependen de los donativos y de la ayuda de voluntarios.

OPERADORES BOOLEANOS Palabras que ayudan a los investigadores a seleccionar los términos de búsqueda más adecuados para las bases de datos académicas.

OSCURECER Dificultar u ocultar la visión de algo.

PLAGIO Copia literal de ideas o textos de otros estudiosos o fuentes para intentar que parezcan propias; a veces se hace de forma accidental.

SESGADO Que manifiesta por algo una preferencia o una antipatía injusta e infundada.

PARA MÁS INFORMACIÓN

American Library Association
50 East Huron Street
Chicago, IL 60611
(800) 545-2433
Website: http://www.ala.org
Organización profesional que reúne a miles de bibliote-
    carios y bibliotecas escolares de Estados Unidos. Su
    misión consiste en promover las bibliotecas y la edu-
    cación bibliotecaria.

Association of Research Libraries
21 Dupont Circle NW, Suite 800
Washington, DC 20036
(201) 296-2296
Sitio web: http://www.arl.org
Esta organización sin ánimo de lucro reúne las bibliotecas
    de investigación más importantes de Estados Uni-
    dos y Canadá, con el objetivo de coordinar la acción
    para promover el estudio y la investigación en Nor-
    teamérica en general, incluyendo la legislación y los
    grupos de presión.

Canadian Association of Research Libraries (CARL)309
Cooper Street, Suite 203Ottawa, ON K2P 0G5
(613) 482-9344
Sitio web: http://www.carl-abrc.ca
Esta asociación canadiense ayuda a desarrollar y utilizar
    las iniciativas de manejo de búsqueda de datos,

promueve las comunicaciones académicas y fomenta el papel de las bibliotecas de investigación en el progreso editorial y académico.

Library of Congress
101 Independence Avenue SE
Washington, DC 20540-1400
(202) 707-9779
Esta biblioteca sirve como centro de investigación para el Congreso de Estados Unidos, así como para depósito, catálogo y archivo de muchas de las publicaciones, tanto del país como del extranjero. Es la mayor del mundo, y proporciona acceso a miles de fuentes primarias, ya sean artefactos, documentos, imágenes o archivos.

National Archives and Records Administration
8601 Adelphi Road
College Park, MD 20740-6001
(866) 272-6272
Sitio web: http://www.archives.gov
Aquí se recopilan y administran importantes documentos relacionados con las operaciones del Gobierno federal de Estados Unidos.

Natural Resources Canada: The Atlas of Canada
615 Booth Street, Room 650
Ottawa, ON K1A 0E9
(613) 995-0947
Sitio web: http://www.nrcan.gc.ca/earth-sciences/geography/atlas-canada
Administrado por Natural Resources Canada, es la cartografía oficial del país. Su edición interactiva en línea documenta la geografía y la demografía de Canadá con datos de fácil acceso.

SITIOS DE INTERNET

Debido a la naturaleza cambiante de los *links* de Internet, Rosen Publishing ha publicado una lista *online* de sitios web relacionados con el tema de este libro. Este sitio se actualiza con regularidad. Utiliza el siguiente *link* para acceder a la lista:

http://www.rosenlinks.com/SFS/research

MÁS LECTURAS

Bell, Suzanne S. *Librarian's Guide to Online Searching: Cultivating Database Skills for Research and Instruction*, 4th ed. Santa Barbara, CA: Libraries Unlimited, 2015.

Booth, Wayne C., Gregory G. Colomb, and Joseph M. Williams. *The Craft of Research*, 3rd ed. Chicago, IL: University of Chicago Press, 2008.

Hacker, Diana, and Nancy Sommers. *Rules for Writers*, 7th ed. New York, NY: Bedford/St. Martin's Press, 2011.

Lester, James D., and James D. Lester, Jr. *Writing Research Papers: A Complete Guide*, 15th ed. Upper Saddle River, NJ: Pearson, 2014.

Lindeen, Mary. *Smart Online Searching: Doing Digital Research*. Minneapolis, MN: Lerner Publishing, 2016.

Mann, Thomas. *The Oxford Guide to Library Research*, 4th ed. New York, NY: Oxford University Press, 2015.

Marcovitz, Hal. *Online Information and Research*. San Diego, CA: Referencepoint Press, 2012.

Reinking, James A. *Strategies for Successful Writing: A Rhetoric, Research Guide, Reader, and Handbook*, 10th ed. Upper Saddle River, NJ: Prentice Hall, 2014.

Porterfield, Jason. *Conducting Basic and Advanced Searches*. New York, NY: Rosen Publishing, 2011.

Toronto Public Library. *The Research Virtuoso: How to Find Anything You Need to Know*. Toronto, Ontario: Annick Press, 2012.

BIBLIOGRAFÍA

Abbott, Alana Joli. "Tools for College Students: Learning the New MLA Guidelines." Cengage Learning. September 30, 2016. http://blog.cengage.com/tools-college-students-learning-new-mla-guidelines.

American Library Association. "Using Primary Sources." Retrieved November 7, 2016. http://www.ala.org/rusa/sections/history/resources/pubs/usingprimarysources.

Cooper, Diane. "How to Write an Original Research Paper (and Get It Published)." National Center for Biotechnology Information. April 2015. https://www.ncbi.nlm.nih.gov/pmc/articles/PMC4404856.

ESC Online Writing Center. "What is a Research Paper?" SUNY Empire State College. Retrieved October 1, 2016. https://www.esc.edu/online-writing-center/resources/research/research-paper.

Gardiner, Eileen, and Ronald G. Musto. *The Digital Humanities: A Primer for Students and Scholars*. New York, NY: Cambridge University Press, 2015.

Gibaldi, Phyllis Franklin. *MLA Handbook for Writers of Research Papers*, 7th ed. New York, NY: Modern Language Association, 2009.

Goshert, John Charles. *Entering the Academic Conversation: Strategies for Research Writing*. Upper Saddle River, NJ: Pearson, 2014.

Herrera, Jack. "Viewpoint: Essay Mills are Tempting, But Also Sickening." USA Today College. August 23, 2016. http://college.usatoday.com/2016/08/23/viewpoint-essay-mills-are-tempting-but-also-sickening.

Massey, Taylor. "Writing a Research Paper: Nine Tips for Student Success." Cengage Learning. September 26, 2014. http://blog.cengage.com/writing-a-research-paper-nine-tips-for-student-success.

Modern Language Association of America. *MLA Handbook*, 8th ed. New York, NY: Modern Language Association, 2016.

Schlein, Alan. *Find It Online: The Complete Guide to Online Research*, 4th ed. Tempe, AZ: Facts on Demand Press, 2014.

Smith, Ryan. "How Technology Is Changing Academic Research." Wired, July 2013. https://www.wired.com/insights/2013/07/how-technology-is-changing-academic-research.

Strang, Tami. "Encouraging Students to Use Research Databases." Cengage Learning. October 6, 2015. http://blog.cengage.com/encouraging-students-to-use-research-databases.

Taparia, Neal. "Do Your Research, Cite Sources to be an Effective Writer." *Forbes*. September 23, 2015. http://www.forbes.com.

Turabian, Kate, Wayne C. Booth, and University of Chicago Press Staff. *A Manual for Writers of Research Papers, Theses, and Dissertations: Chicago Style for Students and Researchers*, rev. ed. Chicago, IL: University of Chicago Press, 2011.

ÍNDICE

SOBRE EL AUTOR

Philip Wolny es un editor y autor de Queens, Nueva York. Ha escrito numerosos títulos para la Editorial Rosen centrados en temas juveniles, como autoayuda, formas de ser emprendedor, salud e higiene, investigación académica y conocimiento escolar.

CRÉDITOS FOTOGRÁFICOS